NOTICE HISTORIQUE

SUR

M. MÉRILHOU,

PAIR DE FRANCE,
CONSEILLER A LA COUR DE CASSATION.

Extrait de la Revue générale biographique
et nécrologique,

PUBLIÉE SOUS LA DIRECTION

DE M. E. PASCALLET.

Deuxième Édition.

PARIS. — 1846.

Egards et justice pour tous.

IMPRIMERIE DE MADAME DE LACOMBE,
rue d'Enghien 12.

M. MÉRILHOU.

M. Mérilhou (*Joseph*), pair de France, conseiller à la Cour de cassation, décoré de la croix de juillet, commandeur de l'ordre royal de la Légion-d'Honneur, naquit à Montignac, département de la Dordogne, le 15 octobre 1788. Il commença ses études à la maison paternelle, et les finit à l'école centrale du departement de la Dordogne.

Reçu le 20 janvier 1810, licencié à la Faculté de Droit de Paris, il fut admis le mois de mai suivant au serment d'avocat. Avant d'entrer dans la magistrature, il plaida plusieurs causes qui lui assignèrent un certain rang tout d'abord parmi les jeunes avocats ; les détails de ces causes sont consignés dans le recueil dit les *Causes célèbres*. — Présenté trois fois par la Cour impériale comme candidat à la place de conseiller auditeur, M. Mérilhou fut promu à ces fonctions par décret impérial du 4 février 1814, daté de

Troyes, où étaient alors l'empereur et son quartier-général.

Lorsque pour la première fois le gouvernement impérial fut renversé et les Bourbons rétablis (31 mars 1814), on sait que Louis XVIII laissa provisoirement en fonctions les magistrats de l'Empire. Les premiers embarras d'un pouvoir nouveau et antipathique aux intérêts existans, furent assez compliqués pour empêcher l'épuration des tribunaux ; en sorte que la cour de cassation seule put être réorganisée au commencement de mars 1815. La cour impériale, devenue cour royale, resta intacte.

Lors des événemens du 31 mars 1814, M. Mérilhou ne craignit point de manifester hautement ses sympathies pour le gouvernement impérial qui s'écroulait et il offrit de suivre la régence à Blois. Après l'abdication de Napoléon, et dans le dessein de s'opposer à la fougue des passions contre-révolutionnaires, il crut devoir garder le poste qu'il occupait. Il siégeait à l'une des chambres criminelles lors du fameux procès intenté à Carnot, au sujet de son mémoire au roi, ou tous les efforts de la faction contre-révolutionnaire se trouvaient dévoilés avec l'éloquence énergique de ce vieux républicain. Ce fut sur le rapport de M. Mérilhou, que les chambres d'accusation et d'appel de la police correctionnelle réunies, prononcèrent qu'il n'y avait pas lieu à suivre contre Carnot. (Octobre 1814.)

La conduite de M. Mérilhou, sous le gouvernement renversé, le désignait naturellement à la confiance du gouvernement impérial, lors du retour de l'Empereur, 20 mars 1815 ; Napoléon le nomma substitut du procureur-général à la cour impériale de Paris.— A peine âgé de vingt-six ans, il prit souvent la parole à la cour d'assises, dans les poursuites politiques de cette époque, et ne se distingua pas moins par la maturité de son jugement que par la dialectique puissante avec laquelle il remplit son ministère. Pour coopérer à l'affermissement d'un gouvernement menacé par les partis les plus opposés et par l'Europe entière, il ne recula devant aucune des missions énergiques qui lui furent imposées. Il fut un des magistrats chargés de l'instruction de l'affaire Maubreuil, et eut ainsi l'occasion de pénétrer bien des secrets relatifs aux causes de la première restauration.

A la seconde rentrée de Louis XVIII, à Paris, parut l'ordonnance qui suspendit de leurs fonctions les magistrats de l'empire. Une ordonnance royale du 18 septembre 1815, contre-signée par M. Pasquier et préparée par M. Guizot, alors secrétaire-général du ministère de la justice, institua la cour royale de Paris, et prononça l'élimination de dix-huit magistrats, au nombre desquels fut M. Mérilhou.

Rendu à la vie privée, M. Mérilhou s'adonna exclusivement au barreau : ses confrères s'empressèrent de l'accueillir, et bientôt une nombreuse clientelle lui offrit un honorable dédommagement des rigueurs du pouvoir.

Dès-lors commença pour lui une vie nouvelle vouée à la défense des droits de la pensée et des citoyens opprimés. A l'époque qui suivait les fameuses ordonnances du 5 septembre, attaqué par les partis contraires, le gouvernement était sans cesse poussé par ceux qui se disaient ses amis exclusifs, dans les voies de la persécution et de la violence contre les écrivains indépendans ; avec la théorie des interprétations, il était difficile aux hommes les plus modérés d'être sûrs de n'être pas poursuivis. Le pouvoir s'était fait une théorie, par laquelle étaient condamnés, justes ou non, toutes les actions contraires à ses vues ou à ses intérêts. C'était la théorie des inductions et des interprétations que l'on cherchait à introduire dans la jurisprudence pour en accabler la presse et baillonner ainsi les voix opposantes. M. Mérilhou eut bientôt occasion de s'élever contre ces abus tyranniques. C'était en 1817, MM. Comte et Dunoyer, auteurs du *Censeur européen*, avaient été les premiers promoteurs de cette lutte de l'opposition, « Lu- » mière et vie des gouvernemens, dit M. Dupin » jeune, sur laquelle toutefois on ne vaincra ja- » mais les répugnances et les aversions minis-

» térielles. » Traduits devant le tribunal de police correctionnelle pour avoir disait-on excité à la haine du gouvernement par la critique de certains actes du pouvoir, MM⁺ Comte et Dunoyer furent immédiatement incarcérés. M. Mérilhou, uni à eux de l'amitié la plus vive, se voue à leur défense. C'est le premier procès de presse qui ait été plaidé en France, car le procès du mémoire de Carnot ne fut pas plaidé. — M. Mérilhou a ouvert au barreau cette carrière qui n'a pas été sans gloire.

L'accusation commencée avec un appareil effrayant, s'était réduite de jour en jour par l'absence de motifs raisonnables. De six délits différens trouvés d'abord dans *le Censeur*, le ministère public en avait abandonné quatre. Il s'était enfin borné dans sa dernière audience à soutenir l'accusation avec ceux des textes incriminés qui pourraient offrir le plus de vraisemblance.

Une discussion assez étendue sur la validité judiciaire des formes, selon lesquelles *le Censeur* avait été saisi, commença le plaidoyer. Après avoir établi que la nullité première d'une saisie entraîne la nullité des poursuites; que la faculté indéfinie, inépuisable, de renouveler les saisies, dépose contre la loyauté de la loi; que la première saisie une fois déclarée nulle, une seconde et une troisième saisie ne sont que des marques implicites d'impuissance; après, disons-nous, avoir produit toutes ces raisons

et en avoir sanctionné quelques-unes par l'autorité des orateurs du ministère, qui, instituant
l'indivisibilité entre le jugement du livre et
le jugement de l'auteur, n'annullent la saisie
de l'un qu'en prononçant l'acquittement de
l'autre, M. Mérilhou passe au second chef de la
défense qui traite de l'influence de la question
intentionnelle dans les matières criminelles. Il
établit que les auteurs du *Censeur* s'étant préa-
lablement soumis à l'examen prescrit par la loi
du 28 octobre 1814, une poursuite ne pouvait
exister sans une contradiction manifeste entre
le sens de cette loi et le sens de la loi postérieure
en vertu de laquelle on agissait. Ces raisons, dé-
veloppées avec clarté et une certaine sévérité
de langage, ne manquent pas de cette éloquence
austère qui résulte d'un examen profond et ju-
dicieux.

Le troisième point de la défense est la question de savoir si, dans l'examen du budget de
1817, MM. Comte et Dunoyer avaient outrepassé,
comme l'insinuait le ministère public, les bor-
nes de la liberté constitutionnelle de la presse
en critiquant certains actes du pouvoir.

« Il faut fixer avant tout, dit M. Mérilhou, les
» limites où finit la liberté et ou commence la
» licence. Il faut donc percer ces mystères, dé-
» chirer ces voiles qu'on croit si nécessaires au
» pouvoir, et montrer aux citoyens jusqu'à quel

» point la critique peut s'avancer sans crime
» contre l'autorité qui les régit.

» Questions délicates sans doute! Examen
» dangereux! Pourquoi faut-il qu'on nous oblige
» à sonder ces profondeurs dans une discussion
» qui n'augmente jamais, ni le respect, ni la con-
» fiance? Mais puisque les lenteurs de cette ins-
» truction n'ont pu détourner l'instant de cet
» examen, osons dire la vérité sans feinte et po-
» ser les principes sans ambiguité.

» Vous vous souvenez encore des paroles
» pleines de force et de gravité proférées par le
» ministère public.

» Il nous a dit qu'il regardait comme un droit
» constitutionnel, propre à tous les citoyens, ce-
» lui de critiquer les lois vicieuses, les actes du
» gouvernement et ceux des ministres.— Il vous
» a fait sentir toute l'utilité de cette liberté avec
» un accent qui a dû porter la conviction au
» fond de vos âmes.

» Il a permis les erreurs aux écrivains en dé-
» clarant que, dans ce cas, il fallait les réfuter
» au lieu de les punir. Les seules conditions qu'il
» ait imposées, ont été de s'exprimer toujours
» avec les égards dus à la loi régnante et à la
» volonté royale. »

Ici, M. Mérilhou cite les propres paroles du
ministère contenues dans la loi du 9 novembre 1815, par laquelle sont déclarés sédi-
tieux : 1° Tous écrits imprimés tendant à affai-

blir *par des injures ou des calomnies le respect
dû à la personne ou à l'autorité du roi.* 2° Tous
écrits également imprimés contenant *des provocations indirectes aux délits énoncés aux articles*
5, 6, 7 et 8 du code pénal.

M. Mérilhou développe le caractère de cette
citation ainsi qu'il suit :

« D'abord nous remarquons que la loi exige
» deux choses pour caractériser le délit qu'elle
» punit : un fait et une intention ; un fait, c'est-
» à-dire des calomnies ou des injures envers le
» roi ; une intention, c'est-à-dire celle d'affaiblir
» le respect dû à la personne du roi.

» Sans ce fait, l'intention ne suffit pas ; car
» l'intention seule, cachée dans les replis de la
» conscience, tant qu'elle n'est pas manifestée,
» échappe à la juridiction des juges de la terre ;
» le droit de la punir n'appartient qu'à celui par
» qui règnent les rois.

» Toutes les fois qu'un écrit vous sera dé-
» noncé, vous chercherez donc à découvrir si
» l'intention de son auteur a été d'affaiblir le
» respect dû à la personne ou à l'autorité du roi.
» Si, l'une ou l'autre de ces conditions man-
» que, la loi vous oblige à acquitter le pré-
» venu, parce qu'un délit qui n'a pas tous les
» caractères que la loi exige, n'est pas un délit
» et ne saurait être puni »

Pour éviter les atteintes de la critique des
pamphlétaires et des journalistes, on sait que le

ministère public à cette époque voulait couvrir ses actes de l'inviolabilité royale ; en sorte que la moindre opposition à ses volontés ou à ses intérêts, constituait un délit que l'élasticité arbitraire des lois d'alors, exposait à des condamnations fort sévères. Cette théorie de répression, funeste au progrès de l'esprit humain, et par conséquent aux améliorations sociales, avait en outre ce caractère d'absolutisme commun à tous les gouvernemens despotiques. C'était un pas fait vers la tyrannie.

Les sophismes les plus dangereux ne sont pas ceux dont le caractère de fausseté est immédiatement perceptible, mais ceux qui, à une première analyse, conservent encore quelque apparence de vérité. Telle était l'identité supposée de l'autorité ministérielle et de l'autorité royale qui avait pu échapper à certains esprits, mais qui, sous les inductions rigoureuses de M. Mérilhou, prit un aspect de fausseté manifeste.

M. Mérilhou dut donc chercher, avant de passer à l'application des paroles que nous venons de citer, à détruire cette théorie qui, si on pouvait un instant l'admettre, rendrait inutiles toutes les concessions faites jusqu'ici à la liberté de la presse.

« L'autorité, dit-il, doit être considérée dans » son exercice, ou bien dans sa source, ou bien » dans ses fondemens.

» *L'autorité royale en exercice*, dans la per-
» sonne des ministres, des préfets et des autres
» agens du pouvoir, voilà celle qu'il est permis
» de critiquer dans tous et chacun de ses actes,
» pour établir, soit que ces actes sont réprouvés
» par la loi, soit qu'ils contrarient les droits ou
» les intérêts des citoyens. C'est là la liberté que
» garantit la Charte.

» L'autorité royale *qu'il n'est pas permis de*
» *critiquer*, c'est cette portion du pouvoir qui
» est exercée uniquement ou immédiatement par
» la personne du roi, c'est surtout la source de
» de cette autorité, le titre auquel elle a droit à
» nos respects et à notre obéissance.

» Ainsi donc, un écrivain démontrera qu'un
» ministre est indigne du choix du prince, que
» tous ses actes sont marqués au coin de la per-
» fidie. Cet écrivain n'aura fait qu'user d'un
» droit constitutionnel ; il ne courra d'autre ris-
» que que celui d'une action en calomnie de la
» part du ministre dénoncé au mépris public et à
» la haine de ses concitoyens... »

Après avoir établi les droits de la critique per-
mise à la presse, sur tous les actes du pouvoir,
et par cela seul déterminé les limites de ce pouvoir, M. Mérilhou démontra combien l'opinion du
pays avait droit d'être respectée. Il rappela une
coutume des anciens Égyptiens qui, avant d'ou-
vrir la tombe aux morts illustres, s'assuraient
que leur vie n'avait été souillée d'aucun crime.

Cette responsabilité morale du pouvoir et de
ses agens, M. Mérilhou l'invoqua pour la sa-
tisfaction universelle de la nation! Le ministère public avait dit que la culpabilité de l'écrivain commençait là où finissait l'utilité de l'é-
crit. « Eh bien! s'écria M. Mérilhou, faisant allu-
» sion aux auteurs du *Censeur*, voilà la règle par
» laquelle nous consentons à être jugés nous-
» mêmes; appliquez cette mesure à chacun des
» passages incriminés, et vous n'en trouverez
» pas un seul qui ne se recommande à la re-
» connaissance publique, et qui, parconséquent,
» ne garantisse les auteurs de la peine que l'on
» appelle sur leurs têtes.

» Messieurs, nous vivons dans une époque où
» la nation est jalouse de ses droits; la liberté
» est ombrageuse et craintive, et ce sentiment
» nous est permis, peut-être, après avoir couru
» pendant un quart de siècle après un fan-
» tôme : la liberté de la presse n'est reconnue
» parmi nous que d'hier, et nous naissons au
» pouvoir représentatif... Faites quelque chose
» pour la liberté de la pensée. Rassurez-la con-
» tre l'effroi qu'elle éprouve : c'est un auxiliaire
» utile et nécessaire dans un régime représenta-
» tif : utile dans tous les temps, elle est néces-
» saire quand on entre dans une carrière incon-
» nue; elle est la sentinelle qui veille au pied
» du trône. Elle avertit les rois des souffrances
» publiques; *elle porte dans les palais les larmes*

» *du pauvre* (1) et les murmures des mécon-
» tens !!!... »

L'examen de l'appréciation du ministère public concernant les commentaires faits par MM. Comte et Dunoyer, sur un manuscrit supposé venu de Sainte-Hélène, termina le plaidoyer de M. Méril-hou. Les auteurs du *Censeur* avaient relevé dans cet écrit un grand nombre d'erreurs et de notes diffamatoires, tant sur le gouvernement impérial que sur Napoléon. Au moyen de son système d'interprétations, le ministère public y avait vu une adhésion implicite au gouvernement impé-rial et même des atteintes indirectes à la tran-quillité publique. Il ne fut pas difficile à M. Mé-rilhou de réfuter complètement ces sophismes, en établissant que, par amour pour la vérité historique, et dans un but d'utilité générale, MM. Comte et Dunoyer avaient pu rectifier des faits de cette nature, sans cesser pour cela, comme l'avait insinué le ministère public, de respecter les formes du gouvernement établi et reconnu.

Ce procès fixa au plus haut point l'attention publique, et l'on eut lieu de s'étonner qu'à peine âgé de trente ans, M. Mérilhou fût si versé dans les matières politiques. Toutefois, ses efforts ne furent pas couronnés d'un plein succès. Con-

(1) Bossuet eut-il dédaigné cette expression, que nous osons dire admirable?

damnés d'abord à un an de prison, MM. Comte et Dunoyer virent leur peine réduite en cour d'appel à trois mois d'emprisonnement. On eut lieu de penser que sans les exigences ministérielles, le plaidoyer éclatant de M. Mérilhou eût provoqué un acquittement définitif. Le plaidoyer de M. Mérilhou est une austère et majestueuse profession de foi en faveur de ce progrès incessant par lequel l'esprit humain grandit et les institutions s'améliorent selon les besoins sociaux.

Un an plus tard (1818), les auteurs du *Censeur* invoquèrent encore la parole éloquente de M. Mérilhou. S'étant permis quelques propos sévères sur d'anciens chouans, MM. Comte et Dunoyer furent décrétés d'arrestation, par le juge d'instruction de Rennes. M. Comte s'évada ; M. Dunoyer fut arrêté et conduit à Rennes par la gendarmerie. M. Mérilhou l'y suivit et protesta contre un système qui « exposait les écri-» vains à avoir autant de procès qu'il y a de tri-» bunaux en France (1). »

M. Mérilhou revendiqua pour M. Dunoyer la juridiction de ses juges naturels, qui étaient ceux de Paris. Quelques membres du barreau breton dont les nobles sentimens étaient connus le soutinrent dans cette occasion difficile ; mais il n'en succomba pas moins. Toute-

(1) M. Dupin jeune.

fois, la cour suprême ayant cassé la décision de Rennes, l'affaire fut renvoyée à Angers, où M. Dunoyer fut acquitté.

Le procès du *Censeur* donna lieu à une souscription qui, conçue d'abord dans un intérêt purement d'humanité, prit par la suite toute l'importance d'une association régulière, sous le nom de *Société des amis de la liberté de la presse*. Elle s'accrut de jour en jour, et l'unité d'opinion en fit bientôt un parti politique. On y discuta des projets de loi; de là, sont sorties celles de 1819, qui ont fondé en France une ère nouvelle dans la législation de la presse. Fondateur de cette Société et l'un de ses membres les plus assidus, lorsque plus tard elle fut reconnue non autorisée, M. Mérilhou ne chercha pas par une défection honteuse à détourner de sa tête les foudres gouvernementales. Au contraire, il se déclara ouvertement membre de la société, et prêta même son appui au défenseur, M. Berville, dont le talent parut alors avec beaucoup d'éclat. Les trois lois connues sous le nom de lois de 1819, furent présentées plus tard à la Chambre des députés, par M. de Serres, garde-des-sceaux. Depuis, elles firent une des plus belles parties de notre législation, et ont puissamment contribué en France à populariser les saines idées politiques.

Au mois de septembre 1817, M. Mérilhou plaida devant la cour d'assises **de Paris**, pour les frères Duclos, inculpés dans la conspiration de l'*Épingle noire*. Il s'éleva avec force contre l'institution des agens provocateurs. *Ainsi*, s'écriait-il dans les débats, *vous voyez que c'est à l'aide de ces misérables, couverts de crimes et notés d'infamie, que parmi nous la police provoque, fabrique, constate et punit ce qu'on appelle des conspirations.*

En 1818, M. Mérilhou fut choisi pour défenseur par M. Arnold Scheffer, accusé de sédition, dans son livre « *de l'état de la liberté en France.*» Ce plaidoyer n'est que la continuation des principes politiques de M. Mérilhou, en faveur de la liberté de la presse. Dès l'ouverture des débats, on avait cru jeter sur M. Scheffer une certaine défaveur en lui niant sa qualité de français, car, hollandais d'origine, M. Scheffer n'avait été naturalisé français qu'en vertu de la réunion de la Hollande à la France, en 1810. Cette contestation, bien qu'elle ne pût en rien aggraver la criminalité de l'écrit de M. Scheffer, pouvait néanmoins mal disposer les juges; son éloquent défenseur établit que lors de la réunion des Pays-Bas à la France, il fut stipulé que les Hollandais jouiraient des mêmes immunités et des mêmes prérogatives que la nation française; qu'en conséquence, les manifestations de l'opinion de M. Scheffer sur le gouvernement entraient dans l'ordre ordinaire des concessions de la Charte sur la liberté de la presse. Mais quel était le

crime du prévenu? M. Scheffer avait simplement
demandé l'expulsion des troupes suisses, et mis
en question si l'on pouvait, sans être taxé de sédition, avancer qu'il convient de confier exclusivement la défense de la patrie à des Français
capables de soutenir et de comprendre ses intérêts.

Ce plaidoyer est peut-être de toutes les com-
positions oratoires de M. Mérilhou, celui où brillent à un éminent degré la pureté de son style et
cette lucidité d'idées fortes, principal caractère
de son talent. Elle donna lieu à M. Mérilhou de
s'étendre sur la nature des institutions d'alors et
sur le besoin de les mettre en harmonie avec
l'esprit de la Charte, pour en écarter toutes les
applications arbitraires.

« On ne saurait se dissimuler, dit à ce propos
» M. Mérilhou, que nos nouveaux codes crimi-
» nels portent trop souvent l'empreinte des
» temps où ils ont été promulgués. Ombra-
» geux à l'excès, environné d'attaques sans
» cesse renaissantes, le gouvernement d'alors
» voulut contenir ses ennemis par la terreur des
» lois. Ainsi, tout ce qui tient aux délits politi-
» ques, annonce un législateur craintif, inflexi-
» ble, et ingénieux dans les moyens de conserva-
» tion.

» Si la liberté de la presse a une utilité politi-
» que, c'est surtout alors qu'elle avertit de l'im-
» perfection des lois; c'est surtout lorsqu'elle

» prouve cette imperfection par des faits, en
» distinguant le mal que font les agens du pou-
» voir, du bien que fait le monarque ; en s'abs-
» tenant d'accuser les magistrats, qui ne peu-
» vent qu'obéir à une loi régnante, et dont l'o-
» béissance est toujours mêlée de regrets lors-
» qu'il s'agit de punir. »

Dans ces occasions difficiles où l'orateur était obligé d'éloigner la prévention des juges , M. Mérilhou ne craignit pas, comme on le voit, de démontrer le vice et l'imperfection des lois, qui servait de base aux poursuites, et cela, au milieu d'une juridiction qu'on pouvait supposer peu favorable. Mais là ne devaient pas s'arrêter ses efforts : en prouvant l'innocence de M. Scheffer, il demandait encore une Chambre où les agens du pouvoir ne seraient pas admis, une administration régulière des départemens, l'expulsion de l'armée étrangère et le rappel des bannis. — Grâce à M. Mérilhou, on prononça l'acquittement de M. Scheffer.

Le 14 juin 1819, il plaida et gagna la première cause qui ait été jugée en France par un jury : c'était celle de M. Gossuin, éditeur de la Bibliothèque historique, poursuivi pour *avoir mal parlé des Suisses.* — Un àn plus tard, ce même M. Gossuin fut encore traduit devant le tribunal ; cette fois c'était sous une prévention plus grave, celle d'avoir ouvertement attaqué le catholicisme. Le premier soin de M. Mérilhou dès

l'entrée de la discussion, fut de la dépouiller de
son caractère purement religieux, pour ne lui
laisser que son caractère légal. Démontrer que
les lois pénales, que la Charte constitutionnelle,
que toutes les institutions du pays autorisent le
libre examen des dogmes et de l'organisation
hiérarchique du sacerdoce, tel fut le sommaire
des idées qu'il développa.

Le but de M. Gossuin n'avait été ni d'exami-
ner la religion catholique dans ses dogmes pri-
mitifs, ni de révoquer en doute les traditions
historiques et religieuses par lesquelles elle
prouve sa divine origine; mais seulement d'établir une discussion sévère et impartiale tou-
chant son organisation hiérarchique par rapport
aux institutions civiles de l'état. Il s'adressait aux
hommes graves et méditatifs et non à la conscience religieuse des fidèles.

Les raisonnemens de M. Gossuin aboutissaient
à ces conclusions que, dans les différentes com-
munions chrétiennes dissidentes, il y en a plus
d'une dont l'organisation se rapprochait plus
d'une constitution représentative que celle de
l'église catholique qui, instituant la doctrine
de l'obéissance passive, provoquait une alliance intime entre le clergé et l'état par la
communauté des intérêts; cette alliance est le
germe de toutes les querelles religieuses.

Voici comment M. Mérilhou insinuait indirec-
tement à l'appui des principes de M. Gossuin que

les formes extérieures du culte sont entièrement du ressort de l'autorité civile :

« L'assemblée constituante, dit-il, avait conçu
» l'immense et sublime dessein de fonder notre
» régénération politique, sur une régénéra-
» tion morale, et avait ainsi marqué d'avance le
» point de perfection où, après bien des siècles
» et bien des erreurs, doivent *revenir* et *s'arrêter*
» les gouvernemens des peuples. Elle voulut, en
» rétablissant parmi nous le gouvernement re-
» présentatif que nos pères avaient perdu, ren-
» dre aussi à l'organisation du culte catholique,
» ces formes populaires qui l'avaient annobli
» dans sa naissance et soutenu dans ses sanglan-
» tes tribulations. Ainsi, tout en proclamant la
» religion catholique *religion de l'Etat,* tout en
» respectant ses dogmes et honorant sa morale,
» on régla les rapports du culte avec l'autorité
» séculière, d'après des bases plus conformes au
» génie des lois nouvelles... »

. Plus loin, l'orateur établissait la distinction
des croyances qui appartiennent au for intérieur, et des pratiques extérieures qui tombent
sous la juridiction temporelle.

« Considérée comme croyance, la religion
» échappe à l'autorité des lois, à la volonté des
» despotes. Nul ne peut dire à son semblable :
» tu regarderas comme vrai ce que tu crois faux,
» et je veux que pour toi, le mensonge de ce
» matin se transforme ce soir en vérité ; nul ne

» peut dire à son semblable : ferme les yeux à la
» lumière, échange ton intelligence, mutile ta
» raison, étouffe tes souvenirs. L'homme op-
» primé se réfugierait alors dans le sanctuaire
» impénétrable de sa conscience, et là, il en ap-
» pellerait à ce Dieu qui ne nous a pas donné en
» vain l'intelligence et la liberté, et qui laisse
» aux tyrans le pouvoir d'ôter la vie, mais non
» celui d'enlever les convictions.

» Dans ses dogmes consolateurs ou terribles,
» la religion est inviolable et hors de la portée
» du pouvoir : le cœur humain s'attache au bien
» qu'on lui veut enlever ; la contrainte accroit sa
» résistance ; il s'irrite des efforts qu'on fait pour
» l'asservir : c'est plus alors que la froide indé-
» pendance de la pensée humaine, c'est toute
» l'irritabilité des passions que l'injustice exalte,
» que la violence enflamme ; et la conviction
» d'abord timide pendant la paix, devient de
» l'enthousiasme sur les buchers.

» Mais dès l'instant que la croyance à de cer-
» taines vérités vient à se manifester par des ac-
» tes extérieurs, alors seulement et sur ces ac-
» tes mêmes, commence l'exercice de l'autorité
» temporelle. Si ces actes sont communs à un
» grand nombre de citoyens, s'ils exigent l'in-
» tervention d'un ou plusieurs ordres de minis-
» tres ; s'il suit de tout cela des réunions nom-
» breuses et périodiques, des prédications publi-
» ques, une influence incontestée sur des popu-

» lations considérables ; certes, le magistrat ci-
» vil ne peut fermer les yeux dans de telles con-
» jectures. Quel que soit son droit sur l'examen
» des dogmes publics, il restera du moins in-
» contestable que l'autorité, chargée par la loi
» de maintenir la paix publique et la constitution
» de l'état, a le droit d'intervenir pour régula-
» riser les formes extérieures de l'exercice du
» culte, d'après des vues conformes aux intérêts
» temporels de la société. »

Ce morceau est le point culminant du plaidoyer, le centre d'où émanent par une puissance
d'inductions peu communes aux dialecticiens les
plus exercés, toutes les idées incidentes, secon-
daires, destinées à développer ou à sanctionner
les propositions principales. Nous n'examinerons
point si les idées de M. Mérilhou sont ici quelque
peu susceptibles de désapprobation ; si, par
exemple, les institutions religieuses dépendant
exclusivement des institutions civiles, celles-ci
dans un moment de progrès, n'entraîneraient
pas celles-là qui doivent, au contraire, demeurer,
comme les dogmes fondamentaux , unes et indi-
visibles. Quand on part d'un faux principe, plus
on a de logique dans l'esprit et plus l'on s'égare.
Soumettre certains points de la religion à l'examen de chacun, et en consacrer certains autres
comme inaccessibles au raisonnement individuel,
c'est diviser l'unité, l'ordre. Ah ! si les lois civiles parvenues à un état de perfection voulue,

étaient toujours à la hauteur des besoins et du progrès de la société, nous comprendrions que la religion lui fût subordonnée en toutes ses parties ; mais comme incessamment mobiles, elles roulent dans un cercle perpétuel de modifications, de contradictions, exposées qu'elles sont aux sentimens particuliers, il s'en suit qu'elles ne peuvent dominer même les formes extérieures du culte, sans les varier autant de fois qu'elles varient. Or, qu'est-ce qu'une religion dont la forme varie quand elle doit être l'expression vivante et caractéristique, de cette unité mystérieuse et spirituelle qui la compose ?

Le second chef de la défense de M. Gossuin se restreignait dans la question de savoir s'il avait directement écrit contre *les droits et la religion de l'Etat*. Il résulta de l'examen de l'article 8 de la loi du 17 mai que le sens de ces mots *morale religieuse*, emportait le droit pour chaque citoyen, de se livrer avec la liberté la plus illimitée à toute l'étendue des controverses religieuses ; du reste, renfermé tout entier dans son objet, M. Gossuin n'avait cherché à résoudre aucune de ces questions obscures, telle que l'immortalité de l'âme, l'existence d'une vie future. Ses principes avaient un but d'utilité publique, et par cela seul, erronés ou non, ils devenaient excusables. M. Gossuin fut acquitté.

Trois mois après la défense de M. Gossuin, parut la loi du 26 mars qui permit aux ministres l'arrestation des citoyens suspects, sans forme de justice déterminée. Afin d'obvier aux inconvéniens de cette loi et de réclamer en faveur des victimes la justice des tribunaux, il se forma une souscription appelée la *souscription nationale*, dont M. Mérilhou fut nommé administrateur avec MM. Jacques Laffitte, Casimir Périer, le général Lafayette, Dupont (de l'Eure), Manuel, d'Argenson, Kératry, Gévaudan, Etienne, Odilon-Barrot et le général Pajol. Cette association ne manqua pas d'éveiller les défiances du gouvernement. M. Mérilhou fut accusé avec ses collègues, Etienne, Odilon-Barrot et le général Pajol qui, ainsi que lui, ne jouissaient pas de l'inviolabilité du député. La prévention était d'avoir provoqué à la haine et au mépris du gouvernement du roi. Condamnés à la cour, et par défaut, à cinq ans de prison, ils furent plus tard acquittés par le jury, le 29 juin 1820, sur la plaidoirie de M. Dupin aîné.

Les troubles qui ont agité Paris en juin 1820, à l'occasion des atteintes graves portées au système électoral fondé par la loi de février 1817, provoquèrent, comme on sait, l'arrestation de onze citoyens de tout âge et de toute condition. Traduits devant la cour d'assises comme auteurs de ces troubles, ils furent jugés aux assises de novembre 1820 et de janvier 1821. M. Mérilhou, fit prononcer l'acquittement de Fayole, l'un des principaux accusés.

Vers cette époque s'établit en France la société des Carbonari, dont M. Mérilhou fut un des premiers fondateurs.

Le 12 mai 1821, M. Mérilhou fut appelé à défendre devant la cour d'assises de Bordeaux, M. Félix Pujos, rédacteur de la *Tribune de la Gironde*, accusé de diffamation par le maire et le conseil municipal de Bordeaux. Entre autres choses, il avait présenté comme honteuse pour la France, l'entrée du duc d'Angoulême dans cette ville (journée du 12 mars 1814). La cause fut perdue à Bordeaux ; mais l'arrêt de condamnation ayant été cassé, une discussion nouvelle s'engagea devant la cour d'assises d'Agen, et cette fois, M. Mérilhou fut plus heureux. L'acquittement de M. Pujos fut prononcé le 12 mars 1822.

« Ce plaidoyer, vraiment historique, dit
» M. Dupin jeune, où brillent de grandes beau-
» tés oratoires, ne fut pas aussi répandu dans le
» temps qu'il aurait dû l'être, grâce à la censure
» qui ne permit pas aux journaux de l'annoncer.
» Il jette un grand jour sur quelques intrigues
» qui précédèrent la restauration, révèle des
» faits curieux et peu connus sur l'occupation
» des provinces méridionales par les Anglais en
» 1814, et fait voir ce qu'ont à dévorer d'humi-
» liation et de dégoûts ceux qui s'appuient du
» secours de l'étranger. »

La conspiration de la Rochelle ou le procès

des Carbonari (août 1822), rappelle des souvenirs non moins douloureux qu'honorables pour M. Mérilhou. — On connaît sans doute l'histoire de cette fameuse association qui porta les premiers coups à l'autorité royale sous la restauration, et prépara cette voie de progrès politique ouverte par la révolution de juillet. Elle fut fondée par trois hommes inconnus, MM. Bazard, Flotard et Buchez ; ses premiers réglemens furent apportés d'Italie. M. Mérilhou fut reçu, lui neuvième, et se trouva par conséquent l'un des membres inamovibles appelés à la direction suprême. Le général Lafayette, d'Argenson, Manuel et autres députés, en faisaient partie. De là est née la société *Aide-toi, le ciel t'aidera*, qui existait encore à la révolution de 1830. Bientôt le nombre de ses affiliés se propagea prodigieusement. La France ne fut plus qu'une vaste conspiration, tant le besoin devenait impérieux d'une réforme complète du gouvernement et des institutions sociales. Assurer à la nation française le droit absolu de se donner un gouvernement de son choix, et non octroyé (1) ; abolir toutes les mesures répressi-

(1) L'abolition de la royauté n'a jamais été le principe fondamental de la société des Carbonari. Quoique cette croyance soit accréditée, elle n'est pas conforme à la vérité. La substitution éventuelle du principe républicain au principe monarchique, a été au contraire dans cette société la cause de violens débats, et plus tard d'une scis-

ves funestes à la libre manifestation de la pensée, surtout de la pensée politique; unir les peuples dans une fraternité universelle, telle fut
pendant deux années la mission que s'imposa le
carbonarisme, celle, comme on le voit, de régé-
nérer notre pays par une nouvelle direction de
l'intelligence.

La découverte de la conspiration de la Rochelle entraîna subitement la ruine totale des
Carbonari. Il n'entre pas dans l'objet de cette
notice d'indiquer toutes les causes qui concou-
rurent à cette dissolution; nous dirons seulement que, puissante par les moyens, l'association manquait d'un homme capable de la dominer et de la gouverner. Manuel, toujours
inquiet et indécis, n'avait prêté au carbonarisme
qu'un faible concours; Lafayette, avide de po-
pularité, semblait s'être moins promis la réus-
site de la conspiration que la gloire éphémère
d'y avoir joué un grand rôle; presque tous les
autres chefs, timides à l'excès, se portaient incessamment obstacle les uns aux autres par le
défaut d'opinions unanimes et solides. Il aurait

sion profonde. L'histoire de ces agitations, qui ne sont
pas sans quelques rapports avec les temps actuels, de-
manderait un travail séparé. Il suffit de dire que M. Mérilhou, dans ces débats intérieurs, ne s'est jamais séparé
des sociétaires qui soutenaient la nécessité d'une forme
monarchique, comme le prouve son ouvrage sur Mirabeau, publié en 1827.

fallu là toute la fougue et l'éloquence fanatique de Savonarola.

Les deux hommes d'action énergique de l'association, étaient le général Berton et le sergent-major Bories ; Berton, trahi par Wolfel, fut traduit devant la cour d'assises de Poitiers. Il invoqua vainement l'éloquence de M. Mérilhou, auquel on refusa la permission de se faire entendre. Qu'aurait-il pu d'ailleurs contre l'évidence. Berton mourut donc sous le coup d'une condamnation légale. Il mourut en vrai conspirateur, c'est-à-dire comme un homme qui a d'avance abandonné sa tête à la destinée... Pour Bories, il fut traduit à la cour d'assises de la Seine (2 septembre 1822). De même que pour *le Censeur européen* et M. Scheffer, le ministère public avait mis en jeu le système des inductions forcées, de même à l'égard de Bories et dans le but de prouver son affiliation aux carbonari, il fit usage *des faits généraux*; c'est-à-dire d'une argumentation qui consistait à prouver la criminalité des accusés, tantôt par les raisons relatives à chacun d'eux, tantôt par le rapprochement ingénieux de faits étrangers à la question, mais auxquels une analogie historique donnait une grande importance.

Sergent-major au 45e de ligne, Bories, d'après la défense de M. Mérilhou, avait fondé parmi les sous-officiers et soldats du corps, non une société de Carbonari, mais une association philanthropique ; distinction que le ministère public n'avait eu garde de reconnaître.... Cette société avait pour but, au moyen d'une légère prestation mensuelle, de subvenir aux premiers besoins des associés en cas de maladies. — Le point principal de la défense était donc de convaincre l'auditoire de cette vérité ; c'est ce que M. Mérilhou tâcha de faire pendant le cours du plaidoyer ; après quoi, il arriva à la réfutation d'une argumentation qui, si elle eût été admise, eût prononcé la condamnation inévitable des accusés, car en défendant Bories, M. Mérilhou défendait toute l'association des Carbonari.

Des poignards trouvés chez quelques-uns des affiliés avaient paru au ministère public des preuves irrécusables de la criminalité de leurs intentions. — Voici comment M. Mérilhou répondit à cette accusation nouvelle. — Ce morceau, outre son mérite propre, fournit des détails capables d'intéresser les lecteurs.

« Les poignards, dit M. Mérilhou, ont été
» trouvés dans un état qui repousse toute idée
» d'une destination criminelle et prochaine. Ils
» étaient tous en faisceaux chez un des accusés;
» ils n'étaient point montés de manches, quel-
» ques-unes de ces lames ont été reconnues par
» des armuriers comme faites avec des sabres
» d'enfans. — Est-il possible de trouver là des
» instrumens d'un crime prochain? Mais d'ail-
» leurs l'emploi des poignards était tout-à-fait

» superflu. Les prétendus conjurés n'avaient-ils
» pas naturellement à leur disposition des armes
» d'un effet plus sûr et d'une possession moins
» dangereuse ; n'avaient-ils pas des fusils, des
» baïonnettes, des sabres ? Croyons que l'acqui-
» sition des poignards, ainsi que les accusés
» l'ont dit, n'avaient d'autre objet que de don-
» ner aux initiations, une forme de plus pour en
» imposer aux sens et graver plus profondé-
» ment dans la mémoire, le souvenir des obli-
» gations qu'on y contractait.—Toutes les socié-
» tés secrètes adoptent des signes semblables
» pour solemniser les réceptions de leurs mem-
» bres. — Les francs-maçons sont reçus en prê-
» tant le serment sur un glaive nu, d'autres so-
» ciétés ne tiennent leurs séances qu'avec des
» épées, et le poignard, quoi qu'on en dise, n'est
» pas par lui-même une arme plus criminelle
» que les autres. »

M. le Président. « Le poignard est une arme
cachée. »

M. Mérilhou. « Le pistolet aussi est une arme
» cachée, et surtout le pistolet de poche. — Ce-
» pendant certaines sections de la maçonnerie le
» mettent au nombre des emblêmes qui caracté-
» risent leurs initiations. »

L'orateur continuait ainsi :

« Bories, dit-il, est représenté sans cesse
» comme le chef du complot et le distributeur
» de poignards. Mais croira-t-on que Bories se

» soit rendu froidement le provocateur d'assas-
» sinats longuement prémédités sur des person-
» nes qui lui étaient inconnues ? Son caractère
» est le plus fort argument contre cette asser-
» tion.... Dans tout le cours de sa vie militaire,
» quelle conduite plus exempte de reproche?
» Est-ce donc là un vil assassin, est-ce là un
» homme capable d'organiser le crime avec
» lenteur et maturité ; ce Bories, d'un caractère
» si noble et si généreux.... Bories, que l'impé-
» tuosité de son caractère, la candeur de sa jeu-
» nesse rendent si inhabile aux machinations té-
» nébreuses, lui qui, couvert de blessures et
» familiarisé aux combats, méritait d'être du
» nombre de ces Français qui succombaient au
» champ d'honneur avant que le signe de la vi-
» rilité ombrageât leur visage. »

Plus loin, l'orateur établissait dans quelles
conditions d'organisation le carbonarisme s'é-
tait formé. Il trouvait deux choses à remarquer
dans les aveux faits à l'égard de son institut; la
forme et le but de l'organisation. — Or, ni la
forme, ni le but ne lui paraissaient contraires
aux lois du pays.

« Nos codes criminels, dit-il, ont caractérisé
» avec soin les associations qu'ils ont voulu pu-
» nir. Ce sont les associations de plus de vingt
» personnes qui se réunissent périodiquement
» pour s'occuper d'objets politiques ou autres.
» Mais chaque cercle du carbonarisme ne pou-

» vant excéder vingt individus, chaque cercle se
» trouve rigoureusement conforme au code pé-
» nal. A la vérité, chaque cercle est, dit-on, uni
» aux autres par un lien invisible; mais la loi
» n'interdit pas cette sorte de fédération. »

Ayant ainsi démontré que, *quant à la forme*,
l'association des Carbonari n'était interdite par
aucune loi, et que son but avait été, non de détruire la religion et la royauté, comme l'avait
prétendu le ministère public, mais seulement de
se procurer toutes les garanties de liberté raisonnables pour la défendre au besoin; M. Mérilhou établit que défendre la liberté n'est pas
renverser le trône, le trône n'étant pas incom-
patible avec la liberté; que celle-ci, au contraire,
était l'appui le plus légitime d'un trône souvent
attaqué et quelquefois ébranlé par une aristo-
cratie factieuse.

« *Défendre la liberté*, et contre qui s'est écrié
» le ministère public?... Contre qui? contre ses
» ennemis patents ou cachés, contre ceux qui
» dans l'ombre minent ses fondemens ou qui
» l'attaquent au grand jour avec une ostentation
» arrogante. Contre qui? contre ces associations
» secrètes qui depuis quelques temps se multi-
» plient à la faveur de l'impunité et à l'aide des
» récompenses; contre ces associations qui,
» vouées à un double despotisme, liguées tout
» à-la-fois contre nos institutions politiques, re-
» crutent presque au grand jour, sous le nom de

» Francs régénérés, de chevaliers de la fidélité,
» de congréganistes, et sous mille autres encore,
» et livrent une guerre infatigable aux libertés
» de l'Église et aux droits politiques, droits re-
» connus par l'hommage de trois dynasties roya-
» les. »

Jamais, peut-être, M. Mérilhou ne fut si en-
traînant et si persuasif que dans cette occasion.
En effet, l'amitié semblait avoir modifié son éloquence austère et réfléchie, en y ajoutant un
certain caractère de sensibilité qui excluait tout
accès au raisonnement, pour mieux s'insinuer
dans les cœurs et circonvenir l'adhésion des juges. Ce caractère se retrouve encore avec plus
de force dans sa réplique pour Bories. Celui-ci,
était condamné dans l'opinion des juges, avant
de l'être formellement. Le ministère public avait
fait entendre ces paroles terribles : *Toutes les
puissances oratoires ne pourraient pas l'arracher
à la vindicte publique.*

« Toutes les puissances oratoires ne le sauve-
» raient pas, s'écria-t-il? Qui vous l'a dit? Quelle
» puissance vous a rendu maître de son avenir ?
» Qui vous a initié au sens intime des jurés? Qui
» vous a révélé le nombre et la nature des preu-
» ves qui doivent faire fléchir cette balance où
» reposent la vie et la mort des citoyens ? Pour-
» quoi anticiper ici avec tant de chaleur sur un
» moment dont l'approche devrait vous plonger
» dans une religieuse tristesse ?

» Bories n'échappera pas, dites-vous? Pour-
» quoi prophétiser ainsi l'échafaud avec tant
» d'assurance? Vous énoncez votre opinion,
» comme si les opinions du ministère public n'a-
» vaient pas succombé plus d'une fois dans cette
» enceinte! » Au même moment où Bories suc-
combait sous le poids d'une condamnation certaine, le général Berton était traduit devant la
cour d'assises de Poitiers; il choisit M. Mérilhou pour son défenseur; mais M. Peyronnet,
alors garde-des-sceaux, lui refusa l'autorisation
de se rendre sur les lieux. Ne pouvant défendre
le général Berton comme avocat, M. Mérilhou
voulut au moins le défendre comme ami. Cette
consolation lui fut encore refusée par M. Parigot,
président de la cour d'assises. Ainsi, Berton, qui
ne voulut point d'autre défenseur que M. Mérilhou, entendit-il prononcer sa sentence sans
avoir été défendu. M. Mérilhou essaya mais vainement de le soustraire à la mort. Convaincu
que le procès Berton avait été dirigé par des
influences illégitimes, il présenta, le 3 octobre
1822, le pourvoi du général; son amitié fut
jusqu'à demander à la Cour de cassation la permission de prendre à partie M. Mangin, procureur-général, et M. Parigot, président, pour
faux, altération et forfaiture commis dans le
procès Berton. — Le pourvoi de Berton fut rejeté, et les efforts de M. Mérilhou furent infruc-
tueux.

Le 18 avril 1823, il plaida à la Cour royale contre le comte d'Artois, plus tard Charles X. Un ancien agent de ce prince pendant l'émigration, nommé Froment, réclamait de lui le paiement de diverses indemnités dues à ses services, soit auprès des puissances étrangères, soit auprès des royalistes du Midi. Les refus persévérans qui accueillirent les demandes de Froment, donnèrent lieu au procès en question. M. Mérilhou prononça à cette occasion un plaidoyer qui offre de curieux détails sur les tentatives et les moyens de la contre-révolution, depuis 1789 jusqu'à 1800.

Les jours suivans, M. Mérilhou plaida pour le *Courrier Français*, devant la Cour royale de Paris, chambres assemblées. C'était le premier essai de la loi de tendance, promulguée le 20 mars 1822, pour ôter au jury les affaires de la presse. Cette affaire se termina par une suspension de quinze jours contre ce journal, bien que M. Mérilhou, justifiant les doctrines du *Courrier Français*, eût soutenu que ce journal avait eu raison de louer le gouvernement des Cortès, de blâmer les insurrections carlistes fomentées en Espagne par la France, de même que la guerre déclarée au gouvernement constitutionnel de ce pays, et, en particulier, — d'improuver hautement — l'expulsion de Manuel de la Chambre des députés. M. Mérilhou signala avec raison le procès intenté au *Courrier*, comme une tentative contre la liberté de la presse et les derniers vestiges du libéralisme.

Nous ne rappellerons pas ici tous les procès intentés au *Courrier Français*, par les divers ministères de la restauration, procès qui donnèrent toujours l'occasion à M. Mérilhou de déployer les principes les plus avancés du libéralisme. Toutefois, nous ne saurions passer sous silence deux affaires (*de tendance*) de 1824 et de 1825, dont l'importance alors si grave dut nécessairement influer sur les destinées du pays et préparer cet esprit d'émancipation dont sont imbus la plupart des hommes remarquables de notre époque.

L'année 1824, le ministère public entreprit contre la presse une guerre de *coups d'épingles*, moins bruyante mais plus sûre que celle des réquisitoires. Une caisse fut instituée, qui, sous le nom de Caisse d'amortissement de l'esprit public, devait acheter à tout prix les journaux de l'opposition, ou des portions d'intérêt dans leur propriété, pour les anéantir sourdement et sans violences directes. Ceux qui résistaient à cette stratégie, se trouvaient ultérieurement impliqués dans un procès de tendance. La presse entière fut occupée de débats de ce genre, dans l'été de 1824, au sujet du *Pilote* et de la *Quotidienne*. A son tour, le *Courrier Français* fut traduit devant la Cour royale, chambres assemblées, pour justifier à la fois cent quatre-vingt-deux articles, imprimés dans l'espace de quatorze mois. Alors, se posèrent et furent discutées par la presse entière toutes les questions que faisaient naître les événemens de l'époque, tels que la guerre d'Espagne, la mort de Riego, la trahison de Labisbal, les fraudes électorales qui venaient de se multiplier dans les élections récentes, la septennalité, la candidature de Manuel, la condamnation de Jacques Kœchlin, les actes d'intolérance du clergé. L'affaire du *Courrier Français* ayant amené un partage de voix, la Cour, par son arrêt du 10 juillet 1824, déclara nulles les poursuites du ministère public.

En 1825, un autre procès de tendance, le plus important de tous, fut encore fait au *Courrier Français* et au *Constitutionnel*. L'influence sacerdotale se faisait sentir dans la manière dont ce procès s'était ordonné, et l'on sait qu'alors le clergé tendait à s'emparer de la direction des pouvoirs publics. Le réquisitoire, ouvrage de M. Bellard, procureur-général, accuse les deux journaux d'une tendance qui porterait ateinte au respect dû à la religion de l'État. M. Dupin aîné se chargea de la défense du *Constitutionnel*, et M. Mérilhou de celle du *Courrier*. Loin de se borner à la défensive, M. Mérilhou attaqua avec une vigueur qui pouvait passer alors pour téméraire, les prétentions du clergé à s'immiscer dans les affaires de la presse, et en général, dans le mouvement de la politique. Jusqu'alors les accu-

sations de tendance que le ministère public diri-
geait, avaient eu pour but apparent de réprimer
les actes aggressifs pour l'ordre de choses établi. L'imputation de tendance irréligieuse n'a-
vait été jetée dans les procès que pour envi-
ronner de défaveur la conduite du journaliste;
mais dans le procès qu'il s'agissait de débattre,
la religion seule était invoquée par le ministère
public, et nulle question politique ne se soule-
vait, même implicitement. Cependant, rien de
ce qui constitue la religion n'avait été attaqué
directement, ni par voie d'allusion. Si l'on pé-
nètre bien la nature des événemens et des hommes d'alors, on verra que, d'une part, le ministère public et le clergé, quoique en opposition systématique, avaient besoin de se rallier
dans un même intérêt pour repousser l'ennemi
commun, c'est-à-dire la liberté de la presse, ou
les idées libérales. Voilà, sans nul doute, pourquoi la religion était engagée dans l'affaire du
Courrier, et pourquoi la cause du ministère public et celle du clergé ne faisaient plus qu'une
seule cause (1), bien que des deux côtés la scis-
sion fût complète entre eux, du moins en idée.

Nous ne donnerons pas ici le détail du plaidoyer de M. Mérilhou, par la raison que les

____

(1) Voir, sur ces conclusions, l'Exposé de l'état du
clergé en France, dans les affaires de Rome, de **F. La-
mennais**. Cet exposé, apporté là comme pièce justifica-
tive, est de M. Lacordaire.

idées qui s'y produisent, se trouvent, au moins partiellement, reproduites plus haut, dans le plaidoyer pour M. Gossuin. Toutefois, vers la fin, quelques mouvemens oratoires contre le clergé jésuite, son système d'envahissement et de prépondérance, se font remarquer, attendu qu'ils offrent une entière connexion avec les affaires actuelles.

Entre autres accusations dirigées contre le *Courrier Français*, celle de *tendance* au protestantisme était la plus grave. Après avoir prouvé l'innocence légale de ce journal, M. Mérilhou établit, qu'au lieu de violer les lois, le *Courrier* les a servies, en dénonçant au public les tentatives d'envahissement d'une secte du catholicisme, et en particulier celles d'une société condamnée par les tribunaux les plus augustes et proscrite par les lois.

« Depuis quelques années, dit M. Mérilhou, » une ligue s'est formée pour détruire les droits » de la puissance séculière, pour envahir ses at- » tributions, pour diriger ses actes, et l'asservir » à la puissance ecclésiastique, par le vasselage » le plus dur et le plus humiliant. Habile dans » sa marche, elle varie les moyens suivant les » temps et suivant les lieux ; tantôt humble et ca- » ressante, elle saura à propos emprunter l'inté- » rêt qu'inspire le souvenir du malheur ; tantôt » arrogante et superbe, elle parlera avec fierté » le langage du conquérant. Son but est mar-

» qué avec audace : c'est celui vers lequel ont
» marché, dans le cours d'une vie orageuse, les
» Boniface VIII, les Grégoire VII, les Pie V, c'est
» la monarchie universelle de Rome, c'est l'exten-
» sion indéfinie du pouvoir temporel du succes-
» seur de celui qui n'avait pas une cabane où re-
» poser sa tête, et dont le maître déclarait à ses
» disciples que son royaume n'était pas de ce
» monde. *L'Évangile avait dit : Rendez à César*
» *ce qui est à César, et à Dieu ce qui est à Dieu ;*
» et c'est au nom de l'Évangile qu'on entreprend
» d'ôter à César ce qui appartient à César ; et ainsi
» ce glaive de la parole, donné pour détruire l'er-
» reur et faire prévaloir la vérité, deviendrait
» comme une arme vulgaire, destinée à satis-
» faire des passions profanes et à accomplir les
» desseins de l'avarice et de l'ambition. »

Plus loin, après avoir exposé nettement,
comme nous l'avons vu, le caractère du jésuitisme, M. Mérilhou le définit ainsi, dans la posi-
tion où cet ordre se trouvait, lors des débats du
Courrier Français :

« Cette milice fut connue sous le nom de jé-
» suites ; sous ce nom, elle troubla plus d'une
» fois les empires ; sous ce nom, elle fut expulsée
» par les tribunaux de ce royaume et par les or-
» donnances de nos rois, par les actes des gou-
» vernemens étrangers et du Saint-Siége lui-
» même ; et pourtant, sous ce nom, elle repa-
» raît encore, comme si tant d'actes solennels

» qui l'ont frappée n'avaient été qu'un jeu puéril.
» Qu'on ne croie pas qu'éclairée par l'expérience
» du malheur, cette société présente aujour-
» d'hui moins de danger qu'à l'époque de son
» expulsion ; qu'on ne dise pas que la nécessité
» de lutter contre *les croyances philosophiques*
» *rende aujourd'hui son assistance plus nécessaire*
» *que jamais au maintien du catholicisme* (1). »

On voit que l'affaire du *Courrier Français* im-
pliquait de graves et importantes questions qu'il
était de l'intérêt du clergé et du jésuitisme re-
naissant de faire tourner à leur avantage commun. Toutefois, le plaidoyer de M. Mérilhou
surmonta toutes les influences contraires, et le
Courrier fut acquitté, par un arrêt digne des
plus beaux jours de la magistrature française.

M. Mérilhou prit part ensuite comme avocat
consultant, aux attaques de M. de Montlosier,
contre le parti prêtre. Le 1ᵉʳ août 1826, il fut un
des signataires de la consultation d'alors, qui
a donné lieu à la célèbre délibération de la
Chambre des pairs.

En 1827, M. Mérilhou publia, sous le titre
d'*Essai historique sur la vie et les ouvrages de Mirabeau,* un travail qui fut imprimé par le libraire

(1) Et pourtant, à cette époque, avait paru le fameux
Essai sur l'indifférence en matière de Religion, dont l'objet
principal est de détruire, comme on sait, les doctrines
purement philosophiques, par l'abaissement de la raison
individuelle.

Brissot-Thivars, à la tête des œuvres choisies de
ce grand orateur. Faire connaître Mirabeau dans
tous les détails de sa vie privée, si pleine d'é-
preuves, et par conséquent si pleine d'enseigne-
mens, pour en conclure le véritable caractère de
sa vie publique et démontrer que les circons-
tances *ne forment pas les hommes mais qu'elles
les montrent*, tel est à-peu-près l'ordre d'idées
dans lequel s'ordonne l'œuvre de M. Mérilhou.
Mirabeau y est peint avec cette vue profonde de
l'historien qui trouve une signification dans chaque événement, et qui possède une vue claire
des rapports qui les amènent.

A cette époque eut lieu le célèbre procès des
hommes de couleur de la Martinique, Bissette,
Fabien et Volny, condamnés à des peines cruel-
les, qui furent provisoirement exécutées pendant dix-huit mois. Le ministère de la marine
avait retenu les pièces, en sorte que la prolon-
gation du séjour au bagne de ces trois innocens
eût été indéfinie, sans un arrêt par lequel la cour
de cassation prononça leur acquittement définitif.
C'était donc là une grave question de responsabilité ministérielle. Le 2 mars 1829, M. Mérilhou fit de vains efforts devant le tribunal de première instance et la cour royale pour obtenir une
responsabilité civile contre M. de Peyronnet.

Bientôt un grand poète, Barthélemy, devait
réclamer le secours de l'éloquence de M. Mérilhou.

Sous le titre du *Fils de l'homme*, Barthélemy avait publié des vers touchans qui, ne rappelant pas moins les pompes du berceau du roi de Rome, que l'obscure séquestration où s'éteignait sa jeunesse, devaient par cela seul exciter un vif intérêt en France. Le parquet s'en émut. Barthélemy fut mis en jugement et fut condamné malgré M. Mérilhou, qui plaida pour lui le 29 juin 1829. On sait que Jacques Delille avait pu librement, sans encourir la colère de Napoléon, consacrer quelques pages aux malheurs de Louis XVI et de Marie-Antoinette. Le poète Barthélemy fut moins heureux.

Le 17 décembre 1829, *le Courrier Français* fut de nouveau traduit devant les chambres assemblées de la cour royale, accusé non plus de tendance irréligieuse, mais d'un blasphême proféré dans certains articles à-propos d'un tableau du salon. Ce journal trouva encore un défenseur dévoué dans M. Mérilhou. L'accusation en question se réduisait, de la part du rédacteur de l'article, à l'hypothèse qu'il pouvait venir une époque où les croyances chrétiennes seraient éteintes, ce qui est contraire, en effet, au dogme *fondamental de la perpétuité de la foi*. M. Mérilhou prouva, dans son plaidoyer, que si l'expression d'une pareille pensée était peu orthodoxe en Sorbonne, elle n'avait rien de criminel aux yeux de la loi civile. *Le Courrier Français* fut acquitté.

Depuis lors commence pour M. Mérilhou une nouvelle carrière, celle de l'homme absolument politique. Et d'abord, avant de passer aux divers actes qu'il accomplît depuis 1830, nous allons donner une légère esquisse de l'état des choses avant les célèbres journées de juillet.

Le ministère Polignac. appelé aux affaires, préparait depuis le mois d'août 1829, et dans le plus profond mystère, ce plan de contre révolution dont les ordonnances de juillet furent l'expression effective. Les hypocrites protestations des écrivains du pouvoir, n'empêchèrent pas le bon sens public de pénétrer le but secret des conjurés; les hommes les plus éclairés, et en même temps les plus libéraux, sentaient qu'une attaque se fomentait contre la nation. Aussi l'éveil était-il général, bien qu'aucun indice réel n'eût révélé les tendances du ministère. Dans un but de résistance fut instituée *l'Association bretonne*. Cette confédération, née en Bretagne, avait pour but de refuser de payer l'impôt, dans le cas où l'impôt ne serait pas voté par le pouvoir législatif. La révolution de juillet trouve son origine dans cet acte, qui, se propageant avec rapidité hors de la Bretagne et préparant d'avance les moyens d'une résistance légale et effective, ne pouvait manquer de donner lieu aussi à des poursuites judiciaires. MM. Mérilhou et Bernard (de Rennes), furent chargés de la défense. Ils soutinrent devant le tribunal de première instance, le 27 novembre 1829, et devant la cour royale, le 1er avril 1830, la légitimité du refus du paiement de l'impôt que la loi n'aurait pas établi. La cour royale ne prononça *qu'une condamnation légère, flétrit d'avance et par des considérans énergiques le projet imputé alors aux ministres, puis par eux dénié et que quelques mois plus tard ils tentèrent d'effectuer.*

Cet arrêt (1) sera remarqué par l'histoire, et plus tard devant les tribunaux de commerce, et sous le feu de la mitraille, il fut invoqué par M. Mérilhou, devant le tribunal de commerce, pour justifier la résistance armée aux ordonnances de juillet.

Le lundi 26 juillet 1830, éclata le complot contre-révolutionnaire. *Le Moniteur* contenait les célèbres ordonnances.

Le même jour une réunion eut lieu vers midi, chez M. Dupin aîné, rue Coq-Héron, pour délibérer sur le parti que prendraient les journalistes quant aux nouvelles mesures que les ordonnances contenaient contre eux. L'assemblée était nombreuse et composée d'avocats, de journalistes, de députés, et d'autres citoyens de toutes les classes. M. Mérilhou prit la parole et soutint que les ordonnances étant subversives de la constitution et des lois, ne pouvaient être par-

(1) Nous empruntons ces lignes au *Biographe-Nécrologe.*

conséquent obligatoires, ni pour les journalistes, ni pour les députés.

Une assemblée nouvelle eut lieu le même jour
dans les bureaux du *National*, rue Neuve-Saint-
Marc, près de la place des Italiens. M. Mérilhou
s'y trouva. Après un appel fait aux membres des
bureaux définitifs des divers colléges électoraux
de Paris, il fut décidé dans la réunion où
ils assistaient, que la résistance serait par eux
conseillée aux citoyens. Conséquemment une
protestation fut rédigée par écrit dans la soi-
rée. Ayant appris que quelques députés se réu-
niraient ce soir même chez M. Alexandre de Laborde, rue d'Artois, on résolut d'envoyer des
commissaires à la réunion Laborde, pour lui
communiquer l'intention où l'on était de se défendre. M. Mérilhou fut chargé de porter la parole;
les autres commissaires étaient M. Gisquet (1),
M. Féron, l'un et l'autre juges alors au tribunal
de commerce, et M. Boulay (de la Meurthe), fils
aîné. Lorsqu'ils arrivèrent, les députés n'y
étaient plus, excepté MM. Bernard (de Rennes),
Villemain, de Schonen, Persil et Laborde. Les
commissaires furent invités à se présenter le
lendemain à la réunion générale des députés,
convoquée chez Casimir Périer, rue Neuve-de-
Luxembourg.

Les commissaires étant revenus au *National*,

(1) Depuis préfet de police.

M. Mérilhou rendit compte à la réunion, présidée
par M. Treilhard, des suites de leur démarche.
M. de Schonen fit une allocution énergique, d'a-
près laquelle les mêmes commissaires dûrent
retourner le lendemain chez M. Casimir Périer,
afin de se concerter avec les députés pour se-
conder l'élan de l'insurrection. Le mardi 27 juillet, au matin, M. Mérilhou ayant eu une entrevue
avec le général Lafayette, ils se rendirent chez
Casimir Périer avec MM. Audry de Puyraveau,
Galos, député, et le colonel Carbonel; et à cet effet, ils dûrent passer sous les canons placés à la
porte de M. de Polignac, hôtel du ministère des
affaires étrangères. L'imminence du danger et la
nécessité de soutenir le parti pris, frappèrent
vivement M. Mérilhou, et lorsque tout le monde
fut réuni dans les salons de Casimir Périer, il fit
une vive exhortation pour que l'assemblée se
constituât en Chambre législative, et prît le ti-
mon des affaires; il assura l'assemblée, au nom
du *National*, de la collaboration des journalistes et des autres citoyens, déterminés à s'opposer à l'exécution des ordonnances.

On pense bien que toutes ces mesures ne furent pas sans être soupçonnées de la police. En
effet, pendant que les députés arrêtaient leur
protestation, le préfet de police Mangin, rédi-
geait une liste de quarante personnes, qu'on devait arrêter dans la nuit, et parmi lesquelles se
trouvait compris M. Mérilhou.

D'autre part, l'imprimeur du *Courrier Fran-*
çais, effrayé par les ordonnances, avait fait si-
gnifier au directeur-gérant qu'il ne consentirait
à imprimer qu'autant que celui-là se soumettrait à la censure. Par suite de ce refus, l'imprimeur fut assigné à bref délai, le lendemain
28, devant le tribunal de commerce, pour se voir
condamner, d'après les conditions précédemment
établies avec lui, à l'impression du journal.

Le mercredi 28, à midi, M. Mérilhou se présenta au tribunal de commerce, et dans un discours que l'histoire a conservé, il établit que les
ordonnances étant contraires à la Charte et aux
lois, ces ordonnances ne pouvaient recevoir aucune exécution, et qu'il était dès-lors de toute
nécessité que les journaux parussent dans les
mêmes conditions que par le passé, et avec l'esprit que comportait l'opinion individuelle des
journalistes.

« Messieurs, dit-il, M. Gaultier-Laguionie s'est
» engagé, par une convention faite avec MM. de
» Lapelouze et Châtelain, à imprimer *le Cour-*
» *rier Français*. Jusqu'à présent, cet imprimeur
» a fidèlement rempli ses obligations ; mais, de-
» puis avant-hier, il refuse le service de ses
» presses à mes cliens. Il fonde ce refus sur une
» prétendue ordonnance du 25 juillet, qui a ren-
» versé la liberté de la presse, établie par la loi
» du 28 juillet 1828, et sur un ordre que lui
» aurait donné le préfet de police Mangin.

» M. Gaultier-Laguionie devait savoir qu'en
» France les lois ne se détruisent pas par des
» ordonnances. Qu'une poignée de factieux éle-
» vés aux sommités de l'ordre social ait, dans
» son orgueil, conçu un pareil projet, c'est ce
» qu'on ne peut révoquer en doute ; mais ces
» insensés auront bientôt reçu la peine due à
» leur téméraire tentative. C'est à une fantai-
» sie illégitime, à un caprice inconcevable qui a
» germé je ne sais dans quelle tête, que nous de-
» vons ces monstrueuses ordonnances qui ont
» paru dans *le Moniteur*, et qui ont soulevé d'in-
» dignation tout ce qui a un cœur de citoyen. On
» ne s'est pas borné à vouloir anéantir, par ces
» ordonnances, la liberté d'écrire, on a encore
» essayé d'annuler les opérations électorales de
» toute la France et de créer un nouveau système
» d'élection. Il ne se trouvera pas un seul tribu-
» nal qui veuille prêter l'appui de son autorité à
» une si folle et si sacrilége audace ; car les tri-
» bunaux ne protégent pas les ordonnances qui
» violent les lois.

» La cour royale de Paris, par son mémora-
» ble arrêt du 1ᵉʳ avril 1830, dans l'affaire de
» MM. Bert et Lapelouze, a déclaré que la seule
» *intention* de changer *illégalement*, ou par or-
» donnance, le système électoral actuel et ren-
» verser l'une des garanties consacrées par la
» Charte, était un crime. Or ce crime est aujour-
» d'hui consommé ; il réside dans la publication

» des ordonnances insérées au *Moniteur*. Est-ce
» que M. Gaultier-Laguionie peut s'appuyer sur
» un crime pour se soustraire à l'exécution de
» ses engagemens? Le doute à cet égard serait
» une absurdité !...

» L'arrêt du 1er avril est un fanal qui éclai-
» rera la France entière : le tribunal de com-
» merce y ajoutera le poids de son suffrage, car
» sa justice reculera devant la sanction d'un
» crime. Je conclus, en conséquence, à ce que
» Gaultier-Laguionie soit condamné à imprimer
» *immédiatement le Courrier Français*, ou à payer
» à MM. de Lapelouze et Châtelain, 5,000 francs
» de dommages-intérêts pour chaque jour de
» retard. »

On comprend aisément par ce morceau, que le
discours en entier dut influer sur les décisions
du tribunal. Aussi, par un jugement mémorable
rendu vers une heure, et qui fut comme le signal
de l'insurrection, la cause de la résistance fut-
elle regardée comme gagnée ; en quelques heures,
ce jugement du tribunal de commerce, prononcé
par M. H. Ganneron, fut imprimé, affiché et dis-
tribué dans tous les lieux où déjà l'on se battait.
Pendant ce temps, le canon grondait autour du
tribunal, et l'on portait sur des brancards les
premières victimes des efforts de la liberté re-
naissante.

Dès qu'ils furent sortis de la chambre du commerce, tous les citoyens qui avaient assisté à

l'audience, prirent la cocarde tricolore, au pied de l'escalier du tribunal de commerce, et bientôt se formèrent régulièrement les attroupemens qui, dans la journée, s'emparèrent de l'Hôtel-de-Ville.

Le 29 juillet, la révolution se constituait déjà sous des formes législatives. Réunis chez M. Laffitte, les députés créent un gouvernement provisoire, dont les membres sont Jacques Laffitte, Casimir Périer, le comte de Lobau, de Schonen, Mauguin et Audry de Puyraveau. On se rassembla à l'Hôtel-de-Ville dès que le peuple s'en fut emparé, et l'on prit le nom de commission municipale ; on s'adjoignit M. Mérilhou pour prendre part aux travaux. Il s'établit le même jour à l'Hôtel-de-Ville et il n'en sortit que deux jours après en qualité de secrétaire-général provisoire du ministère de la justice.

Le samedi 31 juillet, la commission nomma des commissaires provisoires aux divers départemens ministériels. M. Dupont (de l'Eure), choisi pour celui de la justice, n'était pas à Paris, et comme on ignorait s'il accepterait et quand il pourrait entrer en exercice, il fut nécessaire de conférer à M. Mérilhou des pouvoirs spéciaux. Ayant été autorisé par l'arrêté de la commission municipale, à prendre telles mesures qu'exigerait la nécessité, M. Mérilhou prit possession de l'hôtel du ministère de la justice avec la force armée, qui fut mise à sa disposition. C'est ce qui eut lieu le jour même. M. Dupont (de l'Eure) arriva le surlendemain à la Chancellerie, et commença ses fonctions de ministre.

Le 2 août, une ordonnance du prince, lieutenant-général, contre-signée Dupont (de l'Eure), nomma de nouveau M. Mérilhou aux fonctions que lui avait déjà conférées la commission municipale, et le 20 août il fut nommé conseiller-d'état.

Le 2 novembre, lors de la formation du ministère Laffitte, il fut appelé au ministère de l'instruction publique et des cultes, avec la présidence du conseil-d'état. Les fonctions de M. Mérilhou, comme secrétaire-général de la justice, durèrent trois mois. Le premier soin de M. Mérilhou fut de se livrer avec activité à la réorganisation de la partie de l'ordre judiciaire, qui n'avait pas été déclarée inamovible par la Chambre des députés. Les parquets furent renouvelés; on nomma de nouveaux juges de paix et suppléans, et on remplaça les magistrats inamovibles qui avaient refusé de prêter serment; ces opérations étaient immenses par leurs détails, et la nécessité ne permettait pas de les ajourner. M. Mérilhou ne s'arrêta pas dans ses travaux. Pendant qu'il était secrétaire-général, et sous sa direction, furent exécutés au ministère de la justice plusieurs travaux importans; on peut citer l'ordonnance du 28 août, portant suppression des ministres d'état; la suppression de la caisse du sceau des titres et sa réunion au ministère des finances ; la révision des pensions accordées sur cette caisse par le précédent gouvernement ; la suppression de la commission du sceau ; l'ordonnance royale du 26 août 1830, qui, annulant les condamnations antérieurement prononcées en vertu des lois sur la liberté de la presse, ordonna également la mise en liberté des personnes retenues en vertu de ces condamnations ; l'ordonnance du 27 août, qui rend aux avocats l'élection libre de leurs conseils de discipline et de leurs bâtonniers ; la loi du 30 août relative aux récompenses et aux pensions à distribuer aux blessés de juillet et aux enfans de ceux qui, dans ces mémorables journées, succombèrent pour la liberté ; la loi du 12 septembre, qui rappelle les Français bannis par la loi du 12 janvier 1816 ; la loi du 8 octobre, pour l'application du jugement par jury aux délits de la presse et aux délits politiques ; et enfin la loi du 11 octobre, qui abolit celle du 20 avril sur le sacrilége.

M. Mérilhou resta deux mois ministre de l'instruction publique et des cultes, et ce court espace de temps ne fut pas sans résultats effectifs pour l'amélioration de la législation d'alors. Pendant que des émeutes agitaient tout Paris ; que l'on se battait jusque dans les écoles ; que la préoccupation générale était fixée sur le procès des ministres, M. Mérilhou s'occupait de la rédaction de la loi sur l'instruction primaire ; le projet de cette loi se discutait sous sa présidence par le conseil royal de l'instruction publique. Plus tard, M. Mérilhou consomma entièrement l'émancipation des Juifs, en présentant et faisant adopter la loi du 8 février 1831, qui met à la charge du trésor public le traitement des ministres israélites ; il abolit la société des missions de France et réunit au domaine de l'état la maison du Mont-Valérien qui en était le chef-lieu ; enfin, pour soumettre entièrement le clergé catholique sous l'influence du pouvoir temporel, il fit promulguer une ordonnance qui prescrivait aux ecclésiastiques, comme condition d'admissibilité à l'avancement dans les fonctions ecclésiastiques, la possession des grades que l'Université confère.

Dès que le procès des ministres fut terminé, M. Mérilhou s'efforça vainement de faire renoncer Lafayette à la résolution qu'il avait prise de quitter le commandement général de la garde nationale ; cette démission entraîna celle de M. Dupont de l'Eure. M. Mérilhou crut devoir rester aux affaires, avec M. Jacques Laffitte, président du conseil, et M. Odilon Barrot, préfet de la Seine.

Il fallait dès-lors pourvoir au remplacement de M. Dupont de l'Eure. Le 27 décembre 1830, M. Mérilhou fut nommé à cet effet garde-des-sceaux, et le département de l'instruction publique fut confié à M. Barthe.

Par suite de ce changement, le ministère resta composé ainsi qu'il suit :

M. Laffitte, président du conseil, ministre des finance` ;

M. Mérilhou, garde-des-sceaux, ministre de la justice ;

M. le comte Sébastiani, ministre des affaires étrangères ;

M. le maréchal Soult, ministre de la guerre ;

M. le comte de Montalivet, ministre de l'intérieur ;

M. le comte d'Argout, ministre de la marine ;

M. Barthe, ministre de l'instruction publique et des cultes.

Ce cabinet fut remplacé le 13 mars 1831, par celui dont M. Casimir Périer fut le président.

Pour comprendre la courte durée du cabinet du 3 novembre, dont M. Laffitte était le chef, quelques explications sont nécessaires.

Le premier cabinet de la révolution de juillet, où figuraient M. le duc de Broglie, M. Guizot, M. le comte Molé et M. le baron Louis, se retira devant le procès des ministres de Charles X. On crut que cette crise, dont l'avènement préoccupait d'avance vivement les esprits en France et en Europe, serait plus facilement traversée par un ministère qu'on pouvait supposer plus populaire.

Après le procès des ministres et la retraite de Lafayette et de Dupont (de l'Eure), une nouvelle situation commença pour le cabinet Laffitte ; situation compliquée de dissidences intérieures, d'embarras parlementaires, et de difficultés diplomatiques. La fondation paisible d'un nouveau gouvernement, après la chute violente de celui des Bourbons, était une œuvre difficile ; il s'agissait de mettre en harmonie avec la révolution de juillet les lois, les institutions, les hommes chargés de les mettre en œuvre, et les relations avec les états étrangers ; il s'agissait de donner plus ou moins promptement des garanties sérieuses aux intérêts nouveaux, sans ébranler, sans effrayer les intérêts anciens qu'il fallait respecter dans ce qu'ils avaient de paisible et d'honorable.

Dès les premiers temps qui suivirent la révolution de juillet, il se forma dans le sein des Chambre, une opinion qui trouvait que le ministère allait trop vite dans la voie des changemens. La Chambre des pairs avait subi la révolution ; la Chambre des députés l'avait acceptée ; ni l'une ni l'autre ne l'avait faite. Nommée par le double vote ou bien sous l'empire de conditions très restrictives, la majorité de la Chambre des députés était plus portée à s'effrayer qu'à s'applaudir des changemens. D'un autre côté, une minorité faible en nombre, mais forte par le talent et l'activité, et appuyée sur la presse et sur les sympathies populaires, accusait le gouvernement de molesse et de tiédeur.

Au milieu de ces tendances opposées, le ministère Laffitte aurait pu gouverner en contenant un parti par l'autre ; mais les irrésolutions de son président et les divisions qui existaient parmi ses membres l'empêchaient de marcher dans une direction ferme : aussitôt que le procès des ministres fut fini et qu'on fut débarassé de ce sujet d'allarmes, le parti qui voulait arriver au pouvoir ne se contraignit plus, et les attaques commencèrent. Dans le sein même du cabinet, plusieurs membres poussaient à sa dissolution dans l'espoir de figurer dans une combinaison nouvelle qu'on supposait plus durable. A côté de M. Laffitte était M. Thiers, sous secrétaire-d'état des finances, qui exerçait sur le ministre une influence décisive, et sur cette administration toute entière une autorité à-peu-près absolue ; il excitait le président du conseil à la retraite, et lui donnait l'espoir décevant, que ni la majorité de la Chambre ni les autres ministres n'accepteraient cette proposition, et que tout le monde se soumettrait à ses idées.

La pensée politique qui luttait contre le ministère Laffitte, et qui allait le renverser, n'était autre que celle qui avait dominé le premier cabinet, et qui avait été vaincue avec lui par l'avénement du cabinet du 3 novembre.

Depuis la fin du procès des ministres, jusqu'au 13 mars, les attaques contre le ministère se succédèrent à la tribune, comme les émeutes dans

la rue. M. Guizot, M. Benjamin Delessert,
M. Boissy-d'Anglas venaient exécuter à la tribune les attaques concertées dans la réunion
qui se tenait chez M. Bertin-de-Vaux. Attaqué
par les uns comme ne faisant pas assez pour
l'ordre, et par les autres comme ne faisant pas
assez pour la liberté, il ne pouvait pas résister
long-temps.

Un incident particulier, qui vraisemblable-
ment avait été combiné, précipita la crise à l'é-
gard de M. Mérilhou. M. Persil, procureur-général à la cour royale, était en dissidence avec
M. Comte, procureur du roi, au sujet de certaines poursuites de presse, à l'occasion desquelles
M. Persil reprochait une excessive indulgence à
M. Comte, qui se défendait en alléguant l'inutile
rigueur des ordres qui lui était donnés. M. Mérilhou, garde-des-sceaux, croyait qu'il suffisait
de réitérer ces ordres. Le procureur-général
exigeait la destitution de son subordonné. La
majorité du conseil l'accorda. M. Mérilhou refusa de la signer, et donna sa démission. Il quitta
les sceaux pour ne pas commettre un acte qu'il
regardait comme injuste. La démission du président du conseil suivit immédiatement ; le cabinet Laffitte fut dissous, et celui du 13 mars s'ins-
talla sous la présidence de Casimir Périer.

Tous les membres du cabinet Laffitte entrè-
rent dans le cabinet nouveau, à l'exception de
M. Laffitte lui-même et de M. Mérilhou. Le pre-

mier fut remplacé aux finances par le baron
Louis, et le second le fut à la justice par M. Bar-
be, qui lui avait succédé pareillement au ministère de l'instruction publique.

M. Mérilhou aurait pu rester dans le cabinet
du 13 mars ; il résista à cette occasion aux offres
pressantes de Casimir Périer ; mais il crut devoir suivre dans la retraite le chef du ministère
dont il avait fait partie ; il aurait craint de pa-
raître aux yeux du pays, avoir pris part aux com-
binaisons politiques sous lesquels le ministère
Laffitte avait succombé. Il refusa même d'accep-
ter, en rendant son portefeuille, une place alors
vacante de conseiller à la cour de cassation :
tant il voulait éviter tout ce qui aurait pû ôter à
sa conduite le caractère du plus pur désintéressement.

Le ministère Laffitte laissa à l'état de présentation le projet de loi sur la liste civile : il al-
louait au roi quinze millions, que le cabinet suivant réduisit à douze.

Il laissa aussi le projet de loi sur les élections,
qui a été promulgué un mois après sa sortie.
C'est la loi actuelle du 19 avril 1831. Le projet
ministériel admettait les capacités à l'exercice
des fonctions électorales. La Chambre des députés les a retranchées. Le projet n'établissait
qu'une élection par arrondissement de sous-pré-
fecture. Le fractionnement des colléges a été in-

troduit par la Chambre. Les effets politiques de cette innovation sont aujourd'hui jugés.

La nouvelle loi des élections ayant été promulguée le 19 avril 1831, une ordonnance royale du 31 mai convoqua les colléges électoraux pour le 5 juillet suivant, et les chambres pour le 9 août. M. Mérilhou fut nommé député à Sarlat et à Nontron (Dordogne), à Saint-Yrieix (Haute-Vienne) et à Bazas (Gironde).

M. Mérilhou prit une part fort active aux travaux de la Chambre élective qui marquèrent la session de 1831-1832 ; il fit successivement partie des commissions chargées de l'examen des projets de loi relatifs à des réformes dans la législation pénale et la révision des listes électorales et du jury. Il prit la parole sur la proposition de M. de Bricqueville et sur le projet de loi qui avait pour objet une nouvelle organisation de la pairie.

Nommé conseiller à la cour de cassation le 22 avril 1832, et réélu député à Sarlat, M. Mérilhou a fait partie de la Chambre élective jusqu'à l'élection générale du mois de juin 1834.

Durant les sessions de 1832, 1833 et 1834, M. Mérilhou continua à jouer un rôle important dans les débats législatifs ; il parla en faveur des pétitions des condamnés politiques, et fit à cette occasion un courageux appel à la modération et aux sentimens généreux des hommes du pouvoir. Dans la discussion des projets de loi sur la résidence des étrangers en France, sur l'expropriation forcée pour cause d'utilité publique, sur l'organisation départementale, sur l'achèvement des monumens et travaux publics, il révéla une connaissance profonde des besoins et des vœux du pays, et une rare intelligence des rouages nombreux de l'administration.

Après les événemens des 5 et 6 juin 1832, M. Mérilhou, lors de la discussion de l'adresse, a présenté à la Chambre un amendement énergique dont l'objet était de blâmer les ordonnances sur l'état de siége. Cet amendement fut rejeté et suscita contre son auteur de violentes haines. Il adhéra au compte-rendu. En qualité de conseiller à la cour de cassation, M. Mérilhou a été rapporteur d'un grand nombre d'arrêts qui ont cassé les actes de juridiction des conseils de guerre.

Lors de la discussion sur le projet de loi relatif au cautionnement de l'emprunt grec, M. Mérilhou, entre autres considérations, a signalé avec énergie les dangers sérieux pour la France, de l'influence russe sur le cabinet ottoman ; il a soutenu que les fonds à provenir de cet emprunt iraient nécessairement grossir les trésors du czar et augmenter ses moyens d'agression contre la France. En conséquence, il demandait l'insertion d'un amendement dont l'objet était de subordonner les effets du cautionnement demandé à l'entière évacuation du territoire ottoman par les Russes. Cet amendement fut rejeté ; les événemens postérieurs ont justifié les craintes et les prévisions de **M. Mérilhou**. En 1834, il a prononcé un discours fort remarquable contre la loi des associations, repoussée par lui comme contraire à la morale et au droit naturel.

Il a plusieurs fois pris la parole sur des pétitions relatives à la réforme électorale, il a soutenu à la tribune la justice et la convenance d'étendre les droits électoraux jusqu'aux limites qu'avaient adoptées le projet de loi du ministère du 3 novembre.

La session de 1834 fut clôse le 24 mai 1834, et le lendemain 25 mai, parut l'ordonnance de dissolution de la Chambre élective, sous le contreseing de M. Thiers, ministre de l'intérieur.

Les élections nouvelles eurent lieu le 21 juin 1834, les efforts du ministère réussirent à empêcher l'élection de M. Mérilhou.

Le 3 octobre 1837, M. Mérilhou fut élevé à la dignité de pair de France, sous le ministère *Molé*, dit du 15 avril, au moment où les élections imminentes allaient lui offrir quelques jours plus tard une éclatante revanche de son échec de 1834. Ainsi, pendant l'espace de trois ans, M. Mérilhou resta renfermé dans ses fonctions de magistrat, complètement étranger à la vie politique.

Dans cette période, la situation respective du

gouvernement et des partis avait subi de grandes modifications. Dans les temps qui suivirent de près la révolution de juillet, une partie des hommes qui l'avaient faite ou adoptée, avaient pu lutter pour obtenir les plus larges développemens possibles aux idées de progrès et de liberté ; entre eux et les partisans du *statu quo* dans les institutions, des débats de presse et de tribune offraient peu de dangers, parce que le principe de la monarchie de juillet, c'est-à-dire la forme monarchique du gouvernement, et son hérédité dans la dynastie nouvelle, n'étaient pas mis en question.

Mais vers la fin de 1837, les fréquens changemens de ministres, les oscillations des majorités parlementaires, et plus que tout autre chose, les manœuvres et les efforts de la coalition, avaient fort affaibli l'autorité morale du pouvoir ; les provocations de jour, en jour plus hostiles de la presse, au rétablissement de la dynastie déchue ou à l'établissement de la république, des tentatives armées éclatant successivement sur plusieurs points du territoire, et même au sein de la capitale, des complots nombreux toujours avortés mais toujours renaissans, firent sentir à tous les esprits clairvoyans que la question la plus urgente était de défendre le trône de juillet, garantie efficace des institutions nouvelles, et que le danger à craindre était moins dans l'influence excessive d:

pouvoir, que dans son renversement qui laisserait la société livrée à l'action dissolvante des doctrines les plus subversives.

C'est avec ces idées que M. Mérilhou accepta la pairie qu'il n'avait pas sollicitée. A son entrée dans la Chambre inamovible, il se rangea parmi ceux qui dirigeaient tous leurs efforts vers la consolidation de la puissance effective du trône de juillet, attaqué alors par les partis les plus opposés. C'était une époque pleine d'orages. L'adhésion franche et le concours actif d'un homme qui avait prouvé dans les journées de juillet son dévouement courageux à la liberté, et par sa sortie du ministère, le désintéressement de son caractère, n'était pas sans quelque importance dans les conjonctures difficiles où l'on était alors.

C'était le temps où le ministère Molé, du 15 avril, luttait avec courage et talent contre la coalition, à la tête de laquelle marchaient MM. Guizot, Thiers, Berryer et Odilon-Barrot. M. Mérilhou prit parti pour le ministère Molé; les détails de cette grande crise appartiennent à l'histoire. Bientôt la retraite du cabinet Molé, la création d'un ministère intérimaire, et la grande insurrection parisienne des 12 et 13 mai amenèrent des embarras politiques, auxquelles la couronne n'échappa que par la création du cabinet du 12 mai, présidé par le maréchal Soult.

Ce cabinet, faible et vacillant, comme l'avaient

fait prévoir d'avance les élémens peu homogè-
nes qui le composaient, n'eut qu'une existence
passagère, et fit bientôt place à celui du 1ᵉʳ mars,
qui fut présidé par M. Thiers, et qui, dès sa
naissance, trouva M. Mérilhou parmi ses adver-
saires les plus déclarés à la Chambre des pairs.

Il le combattit lors de la présentation de la loi
des fonds secrets ; et plus tard, lorsque ce ministère fut renversé, il attaqua la légalité de ses
actes dans le débat solennel relatif aux fortifica-
tions de Paris : dans la discussion de la loi des
comptes, il s'opposa à l'allocation de plusieurs
dépenses faites par cette administration, en
dehors des crédits législatifs, pour entraîner le
pays dans une guerre, à l'insu et sans l'aveu
des Chambres.

Le 25 avril 1844, dans la discussion générale
du projet de loi sur la liberté de l'enseignement,
M. Mérilhou prononça un excellent discours
pour défendre les droits de l'état en matière
d'instruction publique. L'honorable orateur s'é-
leva avec une grande énergie contre les tentatives de la faction jésuitique pour s'emparer de
nouveau de l'enseignement. « Où veut-on nous
» conduire, s'écrie-t-il en terminant, on l'impri-
» me, on le dit sans cesse depuis plusieurs
» mois : à mettre l'Eglise au-dessus de l'Etat, à
» rompre l'alliance de l'Eglise et de l'Etat, et à
» emprunter à une nation voisine l'exemple de
» ses formes d'enseignement. J'ignore si la Bel-

» gique est satisfaite de ce régime qu'on admire
» tant parmi nous ; mais ce régime est nouveau,
» il date à peine de quelques jours, et hier en-
» core son existence était mise en question dans
» les Chambres législatives de ce pays. Mais
» lorsqu'une nation existe depuis quatorze cents
» ans ; lorsque sa civilisation a précédé celles de
» toutes les nations européennes ; lorsqu'à l'a-
» bri de ses institutions les sciences ont jeté
» un si vif éclat , lorsqu'elle a conservé dans
» l'immense majorité de ses citoyens la foi
» de nos aïeux , quand la minorité se livre
» paisiblement à son culte ; lorsque son clergé
» a fourni tant de grands hommes ; lorsque
» les rapports bienveillans de l'Eglise et de
» l'Etat ont été rarement troublés par des nua-
» ges passagers, sachons rendre hommage à la
» sagesse de nos pères, et gardons-nous d'é-
» branler, par des essais téméraires, des princi-
» pes qui ont pour eux l'expérience des siècles
» et l'assentiment de nos plus grands rois, de
» nos plus saints pontifes et de nos plus savans
» magistrats. »

Nous ne saurions terminer cette appréciation
très imparfaite des travaux parlementaires de
M. Mérilhou, sans mentionner le rapport lumi-
neux et subtentiel présenté par lui à la Chambre
des pairs le 3 juillet 1844, au nom d'une commission spéciale (1), sur le projet de loi tendant

(1) Cette commission était composée de MM. Laplagne-

à modifier les articles 2 et 3 de la loi du 24 avril 1833 sur le régime législatif des colonies. L'honorable pair, après un examen de l'état actuel des colonies, applaudit aux diverses améliorations qui y ont été successivement introduites ; mais ces bienfaits, selon lui, seraient stériles, si, à côté d'une classe qui supplée au nombre par la puissance de l'intelligence et la possession du territoire, on laissait se développer des germes de mécontentement dans une race plus nombreuse et plus forte. Quelles que soient donc les améliorations accomplies depuis quelques années dans la situation morale et matérielle de nos colonies, et dans le sort des esclaves, il reste encore une foule de points sur lesquels la prudence, d'accord avec la justice, réclament de notables changemens. Le but du projet de loi, présenté par le gouvernement, a été de satisfaire à ces besoins ; tel est aussi le but du travail auquel la commission s'est livrée. Le projet du gouvernement proposait de statuer par simples ordonnances sur la nourriture et l'entretien dus par les maîtres aux esclaves, sur le régime disciplinaire des ateliers, sur l'instruction religieuse et le mariage des personnes non libres. Ces diverses dispositions, M. Mérilhou propose à la Chambre de les adopter ; mais, selon l'honorable rapporteur, il est encore d'autres matières qui doivent être réglées

Barris, vice-amiral Bergeret, Rossi, marquis d'Audiffret, duc de Broglie, baron Ch. Dupin et Mérilhou.

par voies législatives, telles, par exemple, que
le pécule, le rachat, la fixation des heures de travail et du repos des esclaves, la détermination des
peines applicables aux maîtres, lorsqu'ils mettent
en oubli leurs obligations envers leurs esclaves,
la création de plusieurs justices de paix, et enfin
la composition des cours d'assises appelées à
connaître des crimes commis, soit par les personnes non libres, soit par les maîtres sur leurs
esclaves. L'honorable rapporteur continue en in-
diquant d'heureuses réformes propres à ame-
ner insensiblement et avec calme l'abolition de
l'esclavage sans porter atteinte aux droits établis, enfin, il résume en ces termes son important et remarquable rapport :

« Les changemens que nous proposons dans
» l'état colonial sont graves et profonds.

» Le travail de l'esclave réglé par la loi ; les
» droits de famille, les droits de propriété, la
» faculté de se racheter à prix d'argent, l'instruc-
» tion religieuse assurée, sont des bienfaits dont
» on peut aujourd'hui méconnaître l'importance,
» mais dont l'avenir développera les résultats.

» D'un autre côté, des intérêts d'une nature
» différente ne peuvent que gagner en sécurité
» par toutes les mesures qui rendront plus pai-
» sible et plus heureuse la classe des personnes
» non libres. Le projet de loi est honorable pour
» la classe des maîtres, car il n'a fait que consa-
» crer les usages établis par leur humanité. On

» avait prophétisé la chute des colonies quand
» la traite a été abolie, et il est résulté de cette
» mesure une augmentation progressive dans la
» population noire. La loi sur l'état des affran-
» chis avait excité aussi bien des alarmes que
» l'évènement a démenties. Nous avons la con-
» viction que les mesures que nous soumettons
» à la Chambre amélioreront immédiatement le
» sort des esclaves, amèneront à la liberté ceux
» qui sont dignes de l'obtenir et capables de la
» supporter, et augmenteront la sécurité générale
» des colonies. »

M. Mérilhou est membre du conseil-général
du département de la Dordogne depuis 1831, et
l'a constamment présidé depuis 1836 comme
président électif.

Tel est la vie de M. Mérilhou, et dans les divers actes qui l'ont signalée, le lecteur a pu ap-
précier le caractère de l'homme. Nous ne saurions mieux terminer cette notice qu'en emprun-
tant aux *Annales du barreau*, le jugement suivant porté sur le caractère moral et le talent de
M. Mérilhou, jugement tracé par M. Dupin
jeune, qu'une mort prématurée vient d'enlever
au pays.

« M. Mérilhou, dit-il, tient un des rangs les
» plus distingués parmi les hommes qui hono-
» rent la France, non seulement par leurs ta-
» lens, mais ce qui est bien plus rare dans un
» siècle de bassesse et de corruption comme ce-

» lui où nous vivons, par une noble indépendance
» et par l'énergie d'une beau caractère. Défen-
» seur sincère et zélé des libertés publiques, pa-
» tron généreux et désintéressé de toutes les in-
» fortunes; constant dans ses amitiés autant
» qu'inébranlable dans ses principes; inaccessi-
» ble à toutes les séductions, de quelque lieu
» qu'elles viennent, parce qu'il agit toujours
» par conscience, jamais par ambition; capable
» de ces dévouemens sublimes qu'inspirent les
» convictions profondes jointes à l'amour sacré
» du devoir; et au milieu d'une carrière publi-
» que si honorable, toujours simple et bon dans
» la vie privée, nul n'a marché avec plus de
» franchise dans la route du vrai, avec plus de
» fermeté dans celle du bien. Il y a quelque
» chose d'antique, et, si je puis parler ainsi, de
» *Catonien,* dans cette âme forte et pure. »

L. ROSAND.